Das Frühstücks-Ei

Maria Cura

Das Frühstücks-Ei

Wie die Abhängigkeiten der Welt sich in einem Ei spiegeln

Ein Auszug aus dem Buch:
"Geschenk Lebenssinn" von Maria Cura

*Bibliografische Information der
Deutschen Nationalbibliothek:
Die Deutsche Nationalbibliothek
verzeichnet diese Publikation in der
Deutschen Nationalbibliografie;
detaillierte bibliografische Daten sind im
Internet über http://dnb.dnb.de abrufbar.*

*Um ein Nachwort erweiterte Version
Herstellung und Verlag:
BoD – Books on Demand, Norderstedt
ISBN: 9783744888974*

Titelbild: Maria Cura

Dankbar den Hühnern,
die uns seit Urzeiten
geschmackvolle Eier liefern

Inhaltsverzeichnis

Vorwort

Das Frühstücks-Ei, das vor 100 oder 50 Jahren auf den Tisch kam, sah genauso aus wie heute und schmeckte vermutlich ungefähr so, wie wir es auch kennen.

Aber die Art und Weise, wie und in welchem Umfeld das Ei zuvor gelegt, transportiert und verkauft wurde, ist heute ganz anders. Es geht aber jetzt hier bei diesem Thema ausnahmsweise einmal nicht vorrangig um Tierschutz.

Vielmehr geht es um Abhängigkeiten, die alle eine Rolle spielen, bis das Ei von uns verzehrt werden kann. Diese Abhängigkeiten haben in den letzten 50 Jahren dramatisch zugenommen. Nicht nur um das Legen, Transportieren und Verkaufen herum finden sich Abhängigkeiten, sondern noch in vielen anderen, weit verzweigten Bereichen. Wenn man einmal - wie hier geschehen - die Abhängigkeiten versucht zusammenzuschreiben, dann kommt tatsächlich eine überraschend lange "Litanei" zustande.

Ich stelle das Ei von vor 50 Jahren mit seinem Umfeld dem Ei aus einer Legebatterie von heute (2017) gegenüber. Es mag dabei sein, dass die Aufzählung der Abhängigkeiten nicht vollständig ist, oder der eine oder andere Punkt doch nicht nötig ist (z.B. Roboter zur Verpackung). Es geht hier nicht darum, eine exakte Anweisung für den Bau und Betrieb einer Legebatterie zu geben. Vielmehr zeigt der Gesamteindruck, in wie vielen, oft vom Konsumenten kaum wahrgenommenen Abhängigkeiten unsere Produkte heute stehen – welche Bereiche alle funktionieren und zusammenspielen müssen, damit schließlich das Produkt von uns in der gewohnten Form erworben werden kann.

Das Frühstücks-Ei ist hier nur ein Beispiel. Gleiches gilt für die meisten modernen Produkte bei uns, sie alle stehen in unzähligen Abhängikeiten: sei es ein Shampoo, ein Möbelstück, ein Smartphone, eine Uhr, ein Computerprogramm, ein Kleidungsstück und so weiter und so fort...

Die Aufzählung der Abhängigkeiten am Beispiel des Frühstücks-Eis stammt aus dem Buch "Geschenk Lebenssinn", in dem noch mehr nachdenkliche und kulturkritische Überlegungen, auch zu anderen Themen, enthalten sind.

Maria Cura, München im September 2017

Wie war es vor 50 Jahren auf dem Bauernhof?

Vor 100 und oft auch noch vor 50 Jahren hatten viele kleine Bauernhöfe ihre eigenen Hühner, diese liefen munter auf dem Hof herum, bewacht von einem stolzen Gockel. Die Bauern konnten den Hühnerstall selbst fertigen, die Hühner wurden mit Futter aus der eigenen Landwirtschaft oder zumindest aus der näheren Umgebung gefüttert, auch konnten diese Hühner scharrend in Hof und Wiese Futter selbstständig suchen.

Die Bäuerin hielt den Hühnerstall in Ordnung und sammelte dafür die Eier ein, die von Familie und Gesinde verzehrt wurden oder auf dem Markt den Städtern der nahen Umgebung verkauft wurden. Vielleicht gab es auch schon kleine Tante-Emma-Läden, die den Bäuerinnen regelmäßig ein paar Eier abkauften.

Die Hühner waren domestiziert, aber sie lebten dennoch ein ziemlich natürliches Leben, sie hatten - wie es ihren natürlichen Bedürfnissen entsprach - einen Hahn in ihrer Mitte, und sie durften auch hin und wieder Küken als Nachwuchs ausbrüten und großziehen. Sie mussten nicht einmal eingesperrt werden, sie blieben freiwillig in Hofnähe. Und frühmorgens, bei Sonnenaufgang, weckte der Hahn die Bauersfamilie, falls sie noch schlief (und er wurde dafür nicht durch, von dem Landleben entfremdeten, Nachbarn wegen Ruhestörung verklagt). Das Leben der ländlichen Bevölkerung war zumeist sehr hart, dies soll hier nicht romantisch verklärt werden, aber es war vielfältig und dabei doch zugleich überschaubar und verstehbar.

Zu erwähnen bleibt hier noch, dass es in der Ökobewegung durchaus Betriebe gibt, die Hühner möglichst natürlich halten, was sehr positiv ist. Aber auch diese Betriebe stehen inzwischen in weit mehr Abhängigkeiten, als die Bauern früher, da sich die gesellschaftlichen Strukturen und die Wirtschaft sehr verändert haben. Dem kann sich heute niemand mehr ganz entziehen, der nicht vollkommen autark und als Einsiedler lebt.

Ich denke, die vielfältig verflochtenen Abhängigkeiten der Produktion der Waren gehen uns alle etwas an, denn sie erzeugen neue Möglichkeiten genauso wie neue Einschränkungen. Nur wenn wir das bewußt verstehen, können wir entscheiden, wie wir unsere gesellschaftliche und kulturelle Zukunft gestalten wollen.

Es ist schon allein die schiere Summe der heutigen Abhängigkeiten, die überrascht, wenn man sich einmal damit zu beschäftigen beginnt. Lassen Sie sich auf den folgenden Seiten einladen auf eine erstaunliche Reise durch die Abhängigkeiten eines einfachen modernen Frühstück-Eis.

Die Abhängigkeiten, in denen unser Frühstücks-Ei (aus dem Supermarkt) heute steht:

Das, was einmal unser Frühstücks-Ei werden soll, muss als Ei von einer Henne gelegt werden.

Hennen werden vorher in extra Betrieben **gezüchtet**. Dort gibt es wahrscheinlich **Brutkammern**, in denen die richtige Temperatur zum Ausbrüten herrscht. Eine moderne **Heizung** mit Regelung und **Überwachung** sorgt für gleichmäßige Temperatur, vielleicht auch Feuchtigkeit. Möglicherweise müssen die **Eier bewegt** werden. Die Küken müssen mit dem **richtigen Futter** gefüttert werden. Männliche Küken werden aussortiert. Bald werden die Küken **in Kisten gepackt** und mit geeigneten **LKWs** zu den Legebatterien gefahren. Dort werden sie vermutlich in ihrer Altersgruppe gehalten, getrennt von den anderen Hennen.

Auch hier, in der Legefabrik, werden **die Bedingungen genau überwacht und reguliert**. Das **Futter ist genau berechnet in seiner Zusammensetzung**. Man kann es z.B. so bestellen, dass der Eidotter dunkelgelber oder heller wird, je nach

Wunsch und Käuferverhalten. Wasser muss verfügbar sein. Die **Eier rollen** gleich von der Henne weg **in Auffangvorrichtungen**, werden nach Größe **sortiert und verpackt**.

Die Hennen, die so dicht leben, neigen zu **Krankheiten**. Damit sie sich nicht zu viel gegenseitig anstecken, werden sie genau überwacht, und der **Tierarzt** ist regelmäßig zu Besuch. Beim kleinsten Verdacht werden Hennen aussortiert oder **Medikamente, auch Antibiotika** gegeben. Besteht **Seuchengefahr**, müssen genaue Untersuchungen vorgenommen werden, und bei Verdacht z.B. auf Vogelgrippe, alle Tiere getötet werden.

Der **Stallmist** ist hochkonzentriert und muss in diesen großen Mengen **speziell entsorgt** werden. Vielleicht gibt es eine eigene Firma, die dies erledigt.

Aber bevor dies alles geschehen kann, muss überhaupt erst das **Gebäude** - mit oder ohne Freifläche - für die Hennen gebaut werden, am besten **mit Büro, Technikraum für Heizung** und andere nötige Regulatoren, mit Auffangraum für die gelegten Eier, mit **Sortier- und Kontrollraum** der Eier, mit **Verpackungsraum**, dort werden vorher an anderem Ort **hergestellte und dann ange-**

lieferte Eierkartons mit der richtigen Eierzahl befüllt, mit dem **Haltbarkeitsdatum** versehen, in große Liefereinheiten verpackt, eine kurze Weile in einem **Lagerraum** gelagert, **mit Gabelstapler in den LKW** geladen und auf eine bestimmte Route geschickt. Möglicherweise werden andere Eier gekühlt oder für Eierprodukte an andere Firmen geliefert. Kaputte Eier müssen gut entsorgt werden. **Hygienevorschriften** müssen genauestens befolgt werden, **Desinfektionsmittel** kommen vermutlich reichlich zur Anwendung.

Aber wir sind ja noch beim **Gebäude**, das ja anfangs noch gar nicht steht. Ein **Bau-Grund muss gefunden werden** und gehofft werden, dass die Bevölkerung nicht zu sehr protestiert. Ein **Architekt (mit Ausbildung an der Universität)** und ein spezialisierter **Techniker** entwerfen einen Plan, machen **Kostenaufstellungen, Angebote** werden eingeholt, **Meetings** abgehalten. **Gemeinde und Aufsichtsbehörden** müssen zustimmen.

Der **Investor**, möglicherweise eine Aktiengesellschaft, ist nun überzeugt, dass dies ein rentables Projekt wird. Sein Planer hat einen **Finanzplan** mit allen Kosten aufgestellt. Die Möglichkeit, manches von der Steuer abzusetzen wurde natürlich berücksichtigt.

Als alles überall durchgewinkt wurde (vielleicht mit Zwischenhürden von Bürgerprotesten und Einschaltung von **Anwälten**) kommen die **schweren Baufahrzeuge** (die auch entwickelt und gebaut werden mussten) und **Baumaterialien**. Vielleicht teeren sie auch eine **Straße bis hin zum Gebäude und einen Parkplatz** für die später vorfahrenden LKWs.

Nach der Fertigstellung des Gebäudes kommt die erste Lieferung der jungen Hennen. Jetzt läuft die Maschinerie an, es kann bald losgehen mit dem Legen. Ein erfahrener **Legebatterie-Meister überwacht alles**. Der **Techniker** prüft alle technischen Abläufe, wenn etwas nicht funktioniert (z.B. Heizung heizt zu stark, Futterfluss-Band stockt), kümmert er sich darum, er hat die Ausbildung dazu. Der **Logistiker plant den Ablauf mit den LKWs**, damit immer alle Eier schnellstens dorthin in den Supermarkt kommen, wo sie bestellt wurden (ob Ostern dabei besonders schwierig ist?).

Ohne **Wasser** leben Hennen nicht lange. Daher muss für sauberes Wasser gesorgt sein. Aber auch Mitarbeiter müssen sich **waschen** können, die **Toiletten** sollten funktionieren. Das **Wasser kommt durch Rohre aus Quellen, Tiefenseen**

oder geklärt aus Flüssen. Die **Wasserwirtschaft** ist selbst wieder ein großer Bereich, der ebenfalls funktionieren muss, damit die Hennen ihre Eier legen. Es muss **Wasserwerke** geben - und natürlich **Klärwerke, Müllabfuhr, Müllverarbeitung**. Und wenn wir schon bei der Sauberkeit sind, sollten wir auch das **Reinigungspersonal** und dazu noch die Herstellung von **Reinigungsmitteln** nicht vergessen.

Aber auch **Elektrizitätswerke** (wie wir schon im Monopoly-Spiel als Kinder lernten) müssen vorhanden sein, und damit auch (im Monopoly-Spiel unnötig): **Stromspeicher und Stromtrassen**, sowie **Gewinnung von Strom (Kernkraft mit Entsorgungsproblemen, jetzt mehr Windräder, Solarenergie, Wasserkraft** usw. - auch diese Techniken sind eine Welt für sich und auch von ihnen sind die eierlegenden Hennen abhängig).

Schon lange vor Fertigstellung der Produktion hat die **Marketingabteilung** die Supermärkte und andere Großverteiler angeschrieben, und darum geworben, ihre Produkte anzubieten. Manche Märkte wollen ein eigenes **Etikett**, das muss vom **Grafiker** entworfen und gefertigt werden. Die **Kartons** werden in einer darauf spezialisierten Fabrik auf Wunsch mit den entsprechenden Etiketten hergestellt. Dafür müssen die **Mengen kalkuliert** werden, damit ein sinnvoller Mengenrabatt ausgehandelt werden kann, und das Lager nicht zu groß sein muss.

In einer großen "Legefabrik" werden wahrscheinlich die **Eier vom Roboter vermessen und gewogen und dann nach Größe sortiert, gestempelt** und in die entsprechenden Kartons verfrachtet oder anderen Zwecken zugeführt. Vielleicht werden die Eier auch noch mit speziellem Licht durchleuchtet, um **defekte oder ungute Eier auszusortieren** - alles **vollautomatisch**.

Die Daten über die Mengen der produzierten und nach Größe verpackten Eier gehen gleich mit der Vergabe des **Barcodes** in die **Buchhaltung** ein, werden **registriert und als Ware gebucht**. Werden sie verkauft, gehen sie als Ausgangsware erneut in die Buchhaltung ein, eine **Buchhaltungssoftware** erleichtert die Buchung riesiger Mengen. Die **Rechnungen werden** ebenfalls **mit einem schnellen Programm erstellt**, mit Rabatt und Lieferkosten und Mehrwertsteuer. Eine **Kuvertiermaschine** erledigt alles weitere. Dann gehen die Rechnungen zur **Post**.

Ankunft und Abfahrt der **LKW-Fahrer** sind genau koordiniert, die LKWs kommen zum rechten Zeitpunkt, holen die richtige Menge ab und fahren auf genau geplanten Routen in optimal kurzer Zeit die Kunden an. **Großverpackungen durch Roboter verschweißt**, erleichtern das Abliefern großer Mengen.

Einmal im Jahr gibt es **Inventur**, und einmal im Jahr wird eine **Steuererklärung** abgegeben. Dazu ist ein gewiefter **Steuerberater** angestellt, der hier seine **Kenntnisse, die er im Studium erworben hat**, einsetzen kann. Aber das Studium allein reicht nicht, ständig kommen neue Steuergesetze und Ergänzungen der alten heraus, er **muss sich laufend weiterbilden**, will er für die Firma das Optimale herausholen.

Die **Marketingabteilung** muss versuchen, immer wieder alle möglichen **Kunden zu erreichen (vor allem Großhändler und Supermärkte)**. Dazu braucht sie **Adressen**, es gibt Firmen, bei denen man Adressen kaufen kann. Und die bereits erreichten oder öfter angeschriebenen potentiellen Kunden müssen mit ihren Daten in einer **Adressdatenbank** gespeichert werden, die **Daten gepflegt** und aktualisiert werden. Regelmäßige **Sonderangebote und Aktionen** sollen noch Kunden hinzugewinnen, die derzeit noch bei anderen Firmen ihre Eier einkaufen. Großkunden werden persönlich von **Handelsvertretern** aufgesucht. Außerdem sollten immer mal wieder neue **Werbe-Hingucker** auf dem Etikett erscheinen. Die anderen Firmen mit ihren Marketingstrategien werden genau beobachtet, und ebenso die Kunden: bevorzugen sie ein buntes Etikett, oder ein schlichtes, das ökomässig wirkt? Sollen Hühner auf der Wiese abgebildet werden?

Die Umwerbung der Kunden ist nicht Ausdruck reiner Gier: wer nicht konkurrenzfähig bleibt, muss bald sein Unternehmen schließen, denn schnell wechselt der Kunde zu einem anderen Anbieter.

Ohne Karton kein Eierverkauf, und ohne das aufgeklebte bedruckte Papier keine Werbung. **Für Karton und Papier** müssen **Bäume** wachsen, gefällt werden und **transportiert**, um dann in Fabriken **zu Papier verarbeitet** und anschließend **verkauft** zu werden. Oder **Altpapier wird eingesammelt** und recyclet. Jedenfalls **ohne Papier oder Karton keine Eierbehälter, aber auch keine Rechnungsstellung** (außer sie erfolgt inzwischen elektronisch - für das Finanzamt vermutlich aber doch noch auf Papier), **keine Verträge**. In der Natur, wo die Bäume geschlagen wurden, muss **wieder aufgeforstet** werden, und der Naturschutz beobachtet besorgt international einen zu hohen und zu schnellen Einschlag. **Verlust von Wäldern** lokal oder global **beeinflusst das Klima**.

Damit das Unternehmen auch gut im Internet zu finden ist, wird eine **Website** gestaltet und eine **SEO-Firma beauftragt**, dafür zu sorgen, dass diese Website von den Suchmaschinen, allen voran Google, gefunden wird und möglichst auf Seite 1 erscheint. Hierzu sind **Experten** nötig, die eine Ahnung davon haben, **wie Algorithmen der Google-Suche funktionieren** (die sich aber immer wieder mal ändern).

Ganz vieles läuft über **Computer**. Diese wurden von völlig anderen Unternehmen **entwickelt**, und sind doch unabdingbar für eine moderne große Legefabrik.

Für diese Computer haben schon vorher Computer und Roboter gearbeitet, denn vieles an der Technik ist so klein und kompliziert, dass es Menschen gar nicht mehr fertigen könnten. **Für die Hardware** werden einige **Seltene Erden** gebraucht, Elemente, die nur sehr selten an wenigen Gebieten der Erde vorkommen. Dort müssen sie **gefunden und geschürft werden**. Hier ist auch die **politische Situation in den Ländern des Vorkommens** dieser Elemente bedeutsam und **Zollgesetze**. Die **Hersteller der Computerelemente oder der dazu nötigen Materialien** versuchen die Rohstoffe in den Ländern, in denen sie vorkommen, möglichst günstig einzukaufen. Unter welchen Bedingungen diese Seltenen Erden, und ob umwelt-freundlich oder nicht, gewonnen werden, das weiß man im Allgemeinen nicht so ganz genau - will es vielleicht auch gar nicht wissen. Auch **Recyclingfirmen** sind hier eingebunden, um hier die kostbaren Rohstoffe wieder zu gewinnen (und diese Recyclingfirmen sind auf Verbraucher angewiesen, die ihre Computer zum Wertstoffhof bringen). Vielleicht wickeln sie in der Frühstücks-Eier AG (Name von mir erfunden, bezieht sich auf keinen realen Eierhersteller) inzwischen auch vieles über eine **IT-Cloud** ab - dann brauchen sie irgendwo auf der Welt Anschluss an **riesige Speichereinheiten**. All dies ist **nötig, damit die Eierfabrik mit den Computern alles steuern, verrechnen, logistisch planen, aber auch Gehälter zahlen und vieles mehr kann.**

Aber die Computer brauchen nicht nur Hardware, auch bereits Generationen von **IT-Spezialisten haben Computersprachen entwi-**

ckelt und Programme programmiert, haben sie verkauft oder in die Cloud gestellt. Wegen der **Datensicherheit** kommen noch etliche IT-Daten-Sicherheitsexperten hinzu.

Auch mindestens eine **Bank** braucht die Frühstücks-Eier AG. Wahrscheinlich hat sie ja **Kredite aufgenommen**, und außerdem muss sie die Einnahmen auf eine Bank überweisen lassen, sie muss die Unkosten und Gehälter dort abbuchen und ihre Steuern über das Bankkonto zahlen. Die Frühstücks-Eier AG hat aber **nicht nur mit ihrer Bank Kontakt, sondern auch mit den Banken ihrer Kunden.** Und natürlich muss es **Geld** geben, real oder virtuell, die **Finanzpolitik der Staaten** und die **internationalen Wechselkurse** sowie die **Zinspolitik** spielen eine Rolle.

Das ganze **Bankwesen ist also mit der Frühstücks-Eier AG verknüpft,** und der **Aktienmarkt** mit seinen Spekulationen und Börsenkursen dazu. Weltweit können Aktien der Frühstücks-Eier AG erworben oder verkauft werden. Es müssen **Gesellschafterversammlungen** abgehalten werden, **Aktienkurse beobachtet** werden, **Gewinnausschüttungen** müssen die Aktionäre bei Laune halten - sonst war´s das bald mit dem Eierlegen in der Frühstücks-Eier AG.

Andere Unternehmen mit denen sie im **Wettbewerb** stehen, und die Preise der anderen Anbieter werden **beobachtet** und spielen eine wichtige Rolle. Vielleicht macht man heimlich Preisabsprachen. **Handelsabkommen** wie das geplante aber umstrittene TTIP könnten sich auswirken (z.B. für den Futtermittelimport).

Manager der Frühstücks-Eier AG müssen viel reisen, um sich in **Meetings** abzustimmen, Schulungen zu besuchen, neue Techniken kennen zu lernen, andere Anbieter von Küken im Ausland zu besichtigen, und natürlich die zahlreichen eigenen Betriebe zu überwachen, usw. Sie haben meist nicht viel Zeit und **brauchen oft ein Flugzeug**. Somit ist **die Welt des Fliegens** (mit Flugzeugherstellung, Treibstoff, Piloten, Schulung, Flugpersonal, Essensangeboten, Flughäfen, Gewerkschaften usw.) auch mit der Frühstücks-Eier AG verbunden.

Und beinahe hätte ich die **Smartphones** und die **Telefonanlage** vergessen.

Vielleicht gibt es in der Frühstücks-Eier AG, wenn sie groß genug ist, **Gewerkschaftsvertreter und einen Betriebsrat**.

In der EU werden immer wieder **neue Gesetze** zur Nahrungsmittelproduktion und Landwirtschaft erstellt. Dazu muss es **Experten, Juristen, Kommissionen** geben (und vermutlich mischen viele **Lobbyisten** mit). Die neuen Gesetze müssen vorgestellt, verabschiedet und ver-öffentlicht werden. All diese Experten und Juristen haben wohl **studiert** und sich lange Zeit Wissen angeeignet. Für sie **wurden Unis unterhalten, Bücher gedruckt, Seminare gehalten**.

Gleiches gilt, - um den Hennen wieder etwas näher zu kommen - **für die Tierärzte**. Sie mussten nach dem Abitur lange studieren und werden auch heute immer noch fortgebildet (von der Pharmaindustrie?). Ohne diese Möglichkeiten des Studiums, gäbe es nicht die Ärzte, die wissen, welche Krankheiten es unter den Hühnern gibt, wie gefährlich sie sind, welche Medikamente helfen können, oder wann die Tiere geschlachtet werden müssen.

Ebenso umfangreich ist wahrscheinlich das **Wissen der Futtermittel-Hersteller**. Sie müssen sich außerdem darum kümmern, **aus welchem Land, von welchem Anbieter sie welche Zutaten** zu welchem Preis und in welcher Qualität einkaufen. Hier bestehen vermutlich **weltweite**

Handelsbeziehungen - gut möglich, dass in einem Futtermittel Bestandteile aus allen Kontinenten zusammen kommen. Denn es werden ja nicht nur einfach nahrhafte Körner gefüttert, sondern es gibt **Zugaben von Mineralien, Vitaminen, notfalls Medikamenten, Stoffen, die die Farbe des Dotters beeinflussen, vermutlich auch Hormone und wahrscheinlich noch mehr.** Wo diese Stoffe hergestellt werden, das wird auch vom Preis bestimmt, und die Angebote können aus den verschiedensten Ländern (z.B. Indien) kommen. Es wird eine **Gütekontrolle** geben, ob sie seriös ist, weiß ich nicht. Jedenfalls, ohne diese Industrie wären die Hennen in riesigen Legefabriken heute wahrscheinlich nicht zu ernähren. Und vor allem würden die Hennen nicht schnell genug immer wieder neue Eier legen.

Viele **Bauern, die Futter anbauen,** werden vermutlich **Pestizide, Insektizide, Fungizide und viele Düngemittel benötigen** (außer sie wirtschaften nach Bio-Kriterien), **die entwickelt wurden** und werden, deren **Rohstoffe beschafft werden müssen**, die hergestellt und vertrieben werden. Die **Genforschung** stellt **neues Saatgut** zur Verfügung und die Saatgutrechte müssen auch überwacht und kontrolliert werden.

Da manche **Bestandteile des Futters** (aber auch der benötigten LKWs, Computer usw.) vielleicht **aus Übersee oder Asien** kommen, sind **Containerschiffe, große Häfen und ausgebildete Kapitäne** notwendig. Wie viele Dinge, Menschen, Pläne, Gesetze usw. es für die Schifffahrt wieder braucht, will ich gar nicht erst anfangen aufzuzählen.

Die **Politik und das Gesundheitsamt** müssen oder sollten zumindest dafür sorgen, dass in der Frühstücks-Eier AG keine für den Menschen gesundheitsschädlichen Dinge eingesetzt werden. Auch **Tierschutzthemen** müssen immer mehr berücksichtigt werden. **Hygieneverordnungen** müssen **erlassen und überprüft** werden. Auf Verbraucherseite forschen Institute zu **Cholesterin** (Eier enthalten viel Cholesterin) und anderen Nahrungsbestandteilen und geben **Ernährungsratschläge** für Ärzte und Konsumenten. Die Diskussion über die Schädlichkeit des Cholesterins (die heute teilweise wieder in Frage gestellt wird), hat Einfluss auf das Kaufverhalten der Eier-Konsumenten.

Die **Pharmaindustrie** muss **immer wieder neue Antibiotika** in **Forschungslabors** entwickeln (weil die alten wegen der Resistenzen unwirksam werden), diese **testen** (dazu sind Computerprogramme zur Auswertung nötig), und die **Zulassung in aufwändigen Zulassungsverfahren** erreichen. Der Staat müsste die Tätigkeiten der Pharmaindustrie überwachen. Da zu viele Antibiotika eingesetzt werden, ist der Staat aufgerufen, einschränkende Gesetze zu erlassen. Diese müssen dann wieder auf ihre Einhaltung geprüft werden. Durch **Seminare** und Marketing werden Tierärzte über neue Mittel informiert. Der **Journalismus** kann über den **Antibiotikaverbrauch in der Legefabrik** schreiben und damit **Proteste** auslösen.

Ohne die **LKW-Fahrer** kämen keine Eier der Frühstücks-Eier AG zu den Verbrauchern. Die **LKWs müssen gebaut und gekauft werden**, sie bestehen aus ganz vielen Einzelteilen (**Reifen, Motor, Kühlung, Bremse, Gehäuse, Computer** usw.), alles muss **entwickelt, getestet, geprüft** werden, **Fertigungsstraßen mit Robotern** werden gebaut, usw. Die Fahrer müssen lernen, diese großen Transport-Wägen zu fahren (LKW-Führerschein), sie brauchen eine Anstellung mit Vertrag. Es gibt **Verordnungen über Fahrdauer** und vermutlich auch andere Gesetze. Ohne **Straßen und Straßenverkehrsordnung** käme auch kein Ei in den Supermarkt: also **Straßenbau und Verkehrs-**

wacht sind nötig. Ebenso ist der **Treibstoff**, der Diesel, ein wichtiger Faktor - ohne ihn würden die Eier massenweise in der Legefabrik vergammeln. Also muss **Öl** in den Ländern, wo es vorkommt **gefördert, raffiniert und nach Deutschland zu den Tankstellen** gebracht werden (natürlich muss es auch ein ausreichendes Tank-stellennetz geben).

Die **Finanzämter** müssen die Steuererklärung der Frühstücks-Eier AG bearbeiten und einen **Steuerbescheid** erstellen und außerdem an Lieferanten bezahlte **Mehrwertsteuer** erstatten (Aufgabe der Politik ist es, die **Steuergesetze** zu erlassen).

Damit die Menschen auch wissen, welche Gerichte sich mit Eiern kochen lassen (nicht nur Frühstückseier), werden **Kochbücher** geschrieben, in Buchhandlungen angeboten und verkauft. Auch in **Chefkoch.de** und auf anderen Internetseiten werden mehr und mehr Rezepte gesammelt und bewertet.

Manche Leute brauchen einen **Eierkocher**, um Eier kochen zu können - auch dieser muss entwickelt, hergestellt (mit den nötigen Materialien) und verkauft werden. Die meisten Menschen werden aber einen **modernen Herd** benutzen, mit einem geeigneten **Topf**.

Ohne **Strom** ist es auch nichts mit den heutigen Eiern: in der Legefabrik funktioniert gar nichts mehr ohne Strom, der größte Teil der Technik würde stillstehen, die Hennen vermutlich elendiglich zugrunde gehen. Aber auch kein Computer, kein Telefon würde mehr funktionieren. Und zu Hause beim Kunden mit Elektroherd gäbe es kein kochendes Wasser mehr auf dem Elektroherd, mit dem sich das Ei kochen ließe, auch Braten in der Pfanne wäre nicht mehr möglich. Allerdings manche Verbraucher nutzen einen Gasherd und sind ihrerseits vom **Gas** abhängig.

Die **Angestellten** in der Frühstücks-Eier AG **brauchen** vielleicht **Autos** (und somit Benzin, Öl, Batterien), um in die Arbeit zu kommen, und die **Mütter oder Väter suchen einen Kita-Platz** für ihre Kinder. Auch Autos und Kindergärten müssen deshalb hergestellt bzw. betrieben werden. **Gesetze für Autos und für Kitaplätze** regeln vieles, **Kindergärtnerinnen werden ausgebildet**, Mahlzeiten (auch mit Eiern) sollen gesund aber billig in den Kitas und Kindergärten aufgetischt werden.

Um die Eier dem Endverbraucher anbieten

zu können, müssen **Supermarktketten** (oder online-Lieferdienste) bestehen. Was hiermit wieder alles verbunden ist, bis eine Supermarktkette existieren kann - das glaube ich, brauche ich jetzt nicht mehr auszuführen. Ach ja, die Einkaufstüte oder -tasche ist auch noch notwendig.

Und alles ist jetzt da: und das Ei kocht am Morgen auf dem Herd und wird in Kürze in einen **Eierbecher** gesetzt und mit Genuss oder in Eile von uns verzehrt. Ist das nicht eine einfache Welt? Wir Konsumenten jedenfalls brauchen nicht jeden Tag in den Hühnerstall gehen, die Eier einsammeln, nach den Hühnern sehen, sie füttern, den Stall reinlich halten und vielleicht reparieren. Wir können im Extremfall einen Lieferservice anrufen und bekommen die Eier einfach an die Haustüre geliefert, der Eierkocher übernimmt das Kochen - alles ganz einfach. Oder doch nicht?

Übrigens: Eier bilden sich auch heute noch im Körper von Hennen, d.h. von Vögeln, und die Eier mit den lebendigen wachsenden Küken darin sorgten ursprünglich dafür, das Leben der Elterntiere weiterzugeben und die Art zu erhalten. Ich bin keine Vegetarierin und mag Eier, aber ab und zu erinnere ich mich gerne daran, woher unsere Nahrung ursprünglich kommt und staune voll

Respekt und Dankbarkeit. Und: wir Menschen und die Hühnervögel, wir besiedeln schon seit Jahrmillionen gemeinsam diesen Planeten, Menschen und Hühnervögel eigenständig ohne Technik für ihr Fortkommen sorgend und durch die Jahrmillionen bis heute bestehend und lebend.

Dass ein Investor für Riesen-Legebatterien möglicherweise aber heute das Huhn, bei all den beschriebenen Abhängigkeiten, schnell als Nebensache betrachtet, die funktionieren muss - das ist eigentlich nicht mehr erstaunlich.

Nachwort

Manche Leser mögen vielleicht die Häufigkeit der fett geschrieben Begriffe im Haupttext ungewöhnlich oder vielleicht sogar störend empfinden. Ich bin aber zu dem Schluss gekommen, dass diese Gestaltung optisch genau die Situation der vielen zu berücksichtigenden Gesichtspunkte in einer Eierfabrik spiegelt. Denn diese Gesichtspunkte sind eben nicht organisch und lebendig miteinander verbunden (wie es ein flüssiges Schriftbild suggerieren würde), sondern die verbindende Klammer besteht hauptsächlich nur aus dem rechnerischen Gewinnstreben des Unternehmens, das vermutlich virtuell von einem Computerprogramm unterstützt wird. Dazu werden die zu berücksichtigenden Gesichtspunkte in abstrahierte Positionen und Zahlenwerte aufgeschlüsselt.

Das Huhn interessiert große Unternehmen nur soweit, wie es Waren, also Eier, produziert. Der Konsument interessiert gleichfalls nur soweit, wie er Geld ausgibt, also ob und wieviel Eier er kauft. Fast alle anderen Faktoren sind nur Hilfsmittel technischer Natur, sind künnstliche Steuerung durch Futter- und Medikamenten-Auswahl, notwendiges geplantes Marketing oder Regeln und Gesetze. Deswegen entwickeln die einzelnen zur Produktion und zum Verkauf notwendigen Elemente keine sehr lebendige Beziehung mehr zueinander. Entsprechend stehen die fettgedruckten Worte in diesem Büchlein da, wie stakkatoartige Stichpunkte in einem Projektplan.

Auf dem alten Bauernhof dagegen war die Verbindung - zwischen von Menschenhand gefütterter Hühnerschar und der gerne Eier-verzehrenden Bauersfamilie - viel enger und lebendiger. Das spiegelt sich hier auch in der ruhigeren und flüssigeren Schriftgestaltung, die sich ganz natürlich im Kapitel über die alten Bauernhöfe ergab.

Für eigene Gedanken

Für eigene Gedanken